May Gibbs
9781923359055
AF600861

MAY
Gibbs

Coming
Snugglepot & Cuddlepie
May Gibbs

Ladies Only
May Gibbs

May
Gibbs

May Gibbs

May
Gibbs

May
Gibbs

May Gibbs

May Gibbs

May Gibbs

May
Gibbs

May
Gibbs

May Gibbs

May Gibbs

May
Gibbs

THE SNAG
May Gibbs

May Gibbs
The Daily Bark
Gumnut
Lost

May Gibbs

May
Gibbs

May Gibbs

Tad Pole
Cock-Roach
May Gibbs

May Gibbs

May
Gibbs